AF382200

LE PROJET POUTINE

HUGUES LEFORESTIER

Éditions ART ET COMÉDIE
3, rue de Marivaux
75002 PARIS

LE PROJET POUTINE

a été créé le 18 mars 2016
au Théâtre des Béliers Parisiens

Avec

Nathalie Mann

Hugues Leforestier

Mise en scène : Jacques Décombe

NOTE SUR L'AUTEUR

Auteur d'un premier roman, *Quelques heures à vivre*, édité par Françoise Verny chez Flammarion, Hugues Leforestier a sorti en 2012 chez Jigal un polar politique, *Réseau d'état*, extrêmement documenté et efficace sur les coulisses du pouvoir. Un parcours atypique puisqu'il fut tour à tour et parfois simultanément, conseil en gestion, directeur financier, directeur de banque, script doctor, comédien, directeur de théâtre… Sa première pièce, *Brigade financière*, a connu un beau succès à sa création au Festival d'Avignon OFF 2013, reprise en 2014 à Avignon puis à Paris en 2015. Sa connaissance des milieux financiers lui fut un atout précieux pour déchiffrer la mainmise des banques et de quelques grands groupes sur les politiques de nos États. Saluée par les avocats, magistrats et autres membres du monde judiciaire, la pièce a été jouée en juin 2015 à la Maison du Barreau à l'invitation du bâtonnier de Paris.

SCÈNE 1 : SOUS PRESSION
(Jour 1 : 17 heures)

Diaporama des manifestations de masse (52 secondes).

POUTINE. – Trois jours de manifestations !

SVETLANA. – Bonjour, monsieur le président.

POUTINE. – Je me bats contre la crise, contre les intégristes, et vous ne trouvez rien de mieux à faire que de défiler !

SVETLANA. – Et faire le jeu de l'étranger, oui, je vous ai entendu à la radio.

POUTINE. – Vous voulez que cela dégénère, Svetlana. La police devient violente quand elle se sent menacée.

SVETLANA. – C'est une manifestation pacifique et spontanée.

POUTINE. – Des milliers de pancartes avec un portrait de moi en prison. Vous pensez que ça fleurit tout seul ?

SVETLANA. – Je les ai mal vues. Je me frayais un chemin pour ne pas être en retard à notre rendez-vous.

POUTINE. – Vous n'avez pas non plus remarqué les photos de vous, avec en titre « Elle se bat pour nous » !

SVETLANA. – Je les ai entrevues.

POUTINE. – Vous prétendez que vous n'êtes pas derrière ces manifestations ?

SVETLANA. – Les gens en ont assez.

POUTINE. – De quoi ?

SVETLANA. – De vous. Et ils sont nombreux.

POUTINE. – Vous voulez la guerre, Svetlana.

SVETLANA. – Je nourris un espoir plus serein pour la Russie.

POUTINE. – Oui, j'entends dire que beaucoup de gens rêvent de vous voir à ma place.

SVETLANA. – Difficile d'empêcher les gens de rêver. Peut-être songez-vous vous-même à rester éternellement en place ? Comme un tsar ?

POUTINE. – La Russie accepterait plus facilement un tsar qu'une femme présidente.

SVETLANA. – Je ne sais pas. On se souvient davantage de la Grande Catherine que de ses successeurs.

POUTINE. – On se souviendra de moi… Qu'est-ce que vous voulez, Svetlana ?

SVETLANA. – C'est vous qui m'avez convoquée, Vladimir Vladimirovitch.

POUTINE, *très sec*. – Monsieur le président !

SVETLANA. – Monsieur le président…

POUTINE, *conciliant*. – Président Poutine pour vous, Svetlana.

SVETLANA. – Monsieur le président, le terme peut ne pas vous plaire, mais vous êtes un dictateur. Vous écrasez l'opposition, vous tenez les médias en laisse, vous vous appuyez pour gouverner sur le KGB…

POUTINE. – Le KGB s'appelle le FSB depuis 1992.

SVETLANA. – Le nom a changé mais les méthodes sont les mêmes. Vous gouvernez avec le FSB et avec des fonctionnaires corrompus. Vous représentiez peut-être un espoir hier, en arrivant au pouvoir, mais ce n'est plus le cas. Vous devenez pour la Russie une menace, un boulet.

POUTINE. – Prenez garde, Svetlana. Vous ne me connaissez pas. Je suis président, aujourd'hui, je ne suis plus le Vladimir d'autrefois.

SVETLANA. – Dommage. Le Vladimir d'autrefois voulait changer le monde.

POUTINE. – C'est ce que j'ai fait.

SVETLANA. – Vraiment ?

POUTINE. – Vous êtes toujours aussi agaçante.

SVETLANA. – Ça ne vous déplaisait pas, autrefois.

POUTINE. – Ni vous ni personne n'a rien su de mes sentiments.

SVETLANA. – Vous en aviez ?

Un temps.

POUTINE. – La Sibérie vous plaît ?

SVETLANA. – Je commence à m'y faire.

POUTINE. – Vous y vivez depuis deux ans…

SVETLANA. – Oui. Il faut un peu de temps pour s'habituer au froid.

POUTINE. – Que voulez-vous ? Il ne fallait pas quitter Moscou.

SVETLANA. – C'est vous qui m'en avez chassée, monsieur le président.

POUTINE. – J'ai eu tort. Vous avez profité de l'ombre pour grandir. Bien joué. Pendant que je m'échinais à discréditer une opposition bien visible sous mes fenêtres, vous avez fédéré mes ennemis dans votre coin.

SVETLANA. – J'y ai continué mon combat pour la justice.

POUTINE, *décroche son téléphone*. – Arrêtez les meneurs de la manifestation. Cinquante. Dans des cellules séparées. *(Il raccroche.)* Vous n'enquêtiez pas sur Gazprom avant de quitter Moscou ? Une vilaine histoire de détournement, si ma mémoire est bonne ?

SVETLANA. – Votre mémoire est parfaite. Gros dossier. Son chiffre d'affaires c'est dix pour cent du budget de la Russie.

POUTINE. – Je crains que votre successeur n'ait un peu enterré le dossier.

SVETLANA. – Ça a été de fait mon impression, monsieur le président.

POUTINE. – Et vous venez d'ouvrir le dossier de la filiale locale de Gazprom !

SVETLANA. – Vos informations sont aussi précises que votre mémoire.

POUTINE. – Ce n'est pas mon ami Piotr Vassilievitch qui la dirige ? Un petit gros, sympathique.

SVETLANA. – Lui-même. Il m'a d'ailleurs souligné vos liens de proximité.

POUTINE. – C'est aimable de sa part. Et le dossier consiste en quoi cette fois ?

SVETLANA. – Vente de licences illégales ; détournement ; enrichissement personnel ; fraude fiscale ; trafic d'influence. Plus quelques infractions secondaires. Une vingtaine, je crois.

POUTINE. – Tant que ça ?

SVETLANA. – Peut-être un peu plus ; mes investigations ne font que commencer, monsieur le président.

POUTINE, *menaçant*. – J'ai des défauts, Svetlana.

SVETLANA. – Je l'ignorais.

POUTINE, *la dévisage pour voir si elle se moque*. – Je suis fidèle en amitié.

SVETLANA. – C'est tout à votre honneur.

POUTINE. – Et rancunier. Je n'oublie jamais une attaque, ou une insulte.

SVETLANA. – Vous voulez que j'abandonne ce dossier, monsieur le président.

POUTINE. – Cessez avec vos « monsieur le président » ! Je préfère encore Vladimir Vladimirovitch.

SVETLANA. – Comme vous voudrez, monsieur le président.

POUTINE. – Je ne peux pas interdire à une procureure générale de mener des enquêtes. La Constitution ne le prévoit pas.

SVETLANA. – Pas encore.

Poutine. – Mais un président a d'autres pouvoirs.

Svetlana. – Il est heureux que ces pouvoirs soient placés en d'aussi justes mains.

Poutine. – Vous vous moquez de moi, Svetlana. Vous vous croyez protégée ?

Svetlana. – Non. De nos jours, dans notre beau pays, on n'est à l'abri de rien.

Poutine. – Alors c'est que vous placez une foi déraisonnable en votre travail.

Svetlana. – Comme vous, monsieur le président. Je n'ai pas le bonheur qui fut le vôtre d'avoir été touchée par la religion, mais j'ai foi dans l'humain.

Poutine. – Un placement aléatoire. Je vous ai fait venir pour quelque chose de plus substantiel. Vous voulez vous lancer en politique. Que diriez-vous d'entrer dans mon gouvernement ?

Svetlana. – Je serais flattée ; mais il me faudrait décliner.

Poutine. – Sans connaître le poste qui vous serait proposé ?

Svetlana. – Écoutez, là, dehors. La rue va vous chasser.

Poutine. – Votre manifestation ? J'en ai vu d'autres.

Svetlana. – C'est ce qu'a dit le président tunisien Ben Ali lorsqu'un jeune vendeur s'est immolé par le feu. D'autres s'étaient immolés avant lui ; ça ne lui a fait ni chaud ni froid. Mais le printemps arabe a balayé Ben Ali.

Poutine. – Je ne suis pas Ben Ali, et il n'y aura pas de printemps russe. Le FSB va interroger les meneurs qu'il arrête en ce moment. Demain, je connaîtrai vos réseaux.

Svetlana. – Vous pouviez faire jouer vos muscles il y a quinze ans, mais vous en avez soixante-trois aujourd'hui.

Poutine. – Reconnaissez que ça ne se voit pas. J'ai même reçu le huitième dan en judo.

Svetlana. – Alors vous êtes plus fort que Teddy Riner, qui n'en a que cinq. Monsieur le président, vous êtes intelligent. En Russie on a le sang chaud, tout peut changer d'un jour à l'autre. Il y a la crise, la guerre en Ukraine, en Syrie…

Poutine. – Je m'en occupe.

Svetlana. – Il y a surtout vos proches, ceux que vous avez enrichis hier, mais qui sont conscients aujourd'hui qu'il n'y a pas d'avenir avec vous.

Poutine. – Embarquez avec moi, nous les ferons changer d'avis.

Svetlana. – Il y a quinze ans, j'aurais dit oui. Aujourd'hui, il est trop tard. Vous ne changerez plus. Et les dictateurs finissent mal. Ce ne sont d'ailleurs pas mes partisans qui s'acharneront sur vous. Ce seront vos proches. Pour se racheter une conduite, et pour vous faire taire.

Poutine. – Vous avez changé, Svetlana.

Svetlana, *surprise*. – L'âge.

Poutine. – Non. Je vous trouve très belle.

Svetlana. – Vous me dites cela tous les vingt ans.

Poutine. – Le temps n'est rien. Une virgule importune. Nous étions amis.

Svetlana. – Avec vous, comment savoir ? Vous faites tout comme on vous l'a appris au FSB. Vous imitez les gestes, les expressions de vos vis-à-vis, vous changez comme eux de position du corps pour les séduire. C'est ce que vous avez fait avec moi ?

POUTINE. – Je vous aimais. Et mon amour peut-être n'est pas éteint dans l'âme passionnée…

SVETLANA. – Laissez à Pouchkine sa poésie et n'employez pas de mots dont vous ignorez le sens.

POUTINE. – À quel moment sommes-nous devenus ennemis ?

SVETLANA. – Quand vous m'avez trahie. Quand vous avez cautionné le film porno où un sosie de mon patron d'alors, procureur général, était filmé dans une chambre avec deux putes, histoire de l'obliger à arrêter son enquête sur la corruption de la fille d'Eltsine.

POUTINE. – Vous croyez que je serais allé devant les caméras de télévision affirmer que c'était votre patron si j'en avais douté ?

SVETLANA. – La corruption était vraie, je peux vous l'assurer : j'ai enquêté avec lui sur la famille Eltsine. Maintenant suis-je sûre que le FSB était capable de fomenter un coup tordu et vulgaire de ce genre ? Oui.

POUTINE. – Je dirigeais le FSB à l'époque.

SVETLANA. – Cela m'avait échappé. J'imagine en ce cas que vos subordonnés vous ont caché toutes les vidéos artistiques qui ont fleuri spontanément alors contre des journalistes et des hommes politiques ?

POUTINE. – Ces vidéos servaient les intérêts de la Russie. Je n'ai d'ailleurs pas à m'en justifier devant vous.

SVETLANA. – Vous aurez à vous en justifier devant la Cour internationale. Quand vous tomberez, c'est là que vous finirez.

POUTINE. – On m'avait dit que vous instruisiez contre moi et je ne voulais pas le croire. C'est à ça que vous occupez votre temps. Vous travaillez avec des magistrats étrangers contre le chef de l'État ?

SVETLANA, *consultant sa montre*. – Quelle bonne idée que de nous avoir réunis ! Nous nous sommes perdus de vue trop longtemps. Malheureusement, il faut que j'y aille : j'ai la petite formalité des trente-six heures de voyage avant de rejoindre la bourgade dans laquelle vous m'avez exilée.

POUTINE. – Épargnez-moi votre humour provincial. Vous restez ici ! Je vous ai fait préparer des appartements.

SVETLANA. – Je suis arrêtée ?

POUTINE. – Vous êtes mon invitée.

SVETLANA. – C'est fort aimable, mais j'ai une famille et…

POUTINE, *la coupant*. – Justement : vous avez une famille.

SVETLANA. – Comme tout le monde en Russie. Puisque vous me faites la grâce d'évoquer ce sujet, qu'est-ce qui garantira sa sécurité, ayant refusé votre proposition ?

POUTINE. – Ma parole.

SVETLANA. – C'est considérable, j'en conviens.

POUTINE. – Je vous promets que rien ne sera fait contre eux. Et je tiens toujours mes promesses.

SVETLANA. – Pas toujours, si j'ai bonne mémoire…

POUTINE. – J'étais jeune. *(Un temps.)* Je m'y prends mal, avec vous. J'ai trop l'habitude de parler à des gens qui ont peur de moi.

SVETLANA. – Sans raison, j'imagine.

POUTINE, *souriant.* – Sans les bonnes raisons en tout cas. Réfléchissez à ma proposition.

SVETLANA. – Ma présence au gouvernement n'effacerait pas votre passé.

POUTINE. – J'espère bien ! Au fait, qu'est-ce que vous avez contre moi ?

SVETLANA. – Rien que vous ne sachiez déjà. Vous avez fomenté des attentats, marché sur des cadavres et déclenché une guerre pour arriver au pouvoir.

POUTINE. – Quelle imagination ! *(Sonnerie du téléphone. Il décroche, écoute une seconde et couvre le téléphone de la main.)* Le premier ministre chinois. Nous nous reverrons demain.

SVETLANA. – Si vous êtes toujours en fonction, bien entendu.

POUTINE. – Vous me faites rire. Merci Svetlana. C'est bon de rire après une dure journée de travail. Je vais rentrer chez moi de bonne humeur.

SCÈNE 2 : L'ASCENSION

(Jour 2 : 9 heures)

La scène s'ouvre sur une vidéo d'1 minute 10 secondes montrant les massacres de civils et les villes dévastées en Tchétchénie (sources : en fin de pièce).

POUTINE. – Et ça nous mènera où tout ça ?

SVETLANA. – Vous serez déféré devant la Cour comme criminel de guerre, coupable du génocide du peuple tchétchène : cent mille morts pour un million d'habitants…

POUTINE. – La paix était à ce prix.

SVETLANA. – La paix à cent mille morts ce n'est plus la paix.

POUTINE. – Si je n'avais pas adopté une position aussi radicale, j'aurais fait preuve de faiblesse. La Russie aurait été le théâtre de guérillas interminables. Nous aurions été une seconde Yougoslavie.

SVETLANA. – Une décision difficile.

POUTINE. – Épouvantable.

SVETLANA. – Mais cette guerre, c'est vous qui l'avez provoquée, non ?

POUTINE. – Vous faites erreur. Les Tchétchènes avaient envahi le Daguestan…

SVETLANA. – Pas les Tchétchènes : deux bandes d'illuminés wahhabites.

POUTINE. – Peut-être ; mais elles l'avaient envahi pour en faire un État musulman. Vous voulez que le Caucase et l'Asie centrale passent aux mains des fondamentalistes ?

SVETLANA. – Je dispose d'éléments établissant que le FSB, que vous dirigiez, a encouragé cette invasion et laissé les terroristes entrer et ressortir à leur guise.

POUTINE. – Le FSB aurait provoqué une guerre ? Pour quel motif ?

SVETLANA. – Vous faire connaître. C'est trivial, je sais bien, mais vous étiez inconnu à l'époque.

POUTINE. – Vous me prêtez des intentions révoltantes, Svetlana.

SVETLANA. – Je ne prête rien. Vous, qui étiez à quarante-deux ans un petit fonctionnaire, l'un des cinquante adjoints au maire de Saint-Pétersbourg, vous, qui débarquez à Moscou à quarante-quatre ans dans un poste subalterne de l'administration Eltsine agonisante, vous devenez soudain deux ans plus tard… patron du FSB. Où vous aviez pourtant un grade mineur.

POUTINE. – Lieutenant-colonel.

SVETLANA. – C'est ça, même pas colonel, avec quelques centaines de supérieurs au-dessus de vous. Un obscur fonctionnaire des services secrets, qui s'y fait parachuter comme patron.

POUTINE. – Parachuter ?

Svetlana. – Oui. Grâce au gendre d'Eltsine, qui voulait y nommer quelqu'un de serviable au moment où sa femme risquait d'être mise en examen par mon patron, dans l'affaire Mabetex de la rénovation du Kremlin.

Poutine. – Ça me semble naturel de vouloir protéger sa compagne, non ?

Svetlana. – Vous avez bien fait : un an plus tard, en remerciement d'avoir affirmé que c'était mon patron le procureur, et non un sosie, qui s'agitait en slip auprès de deux prostituées, vous devenez premier ministre ! Un premier ministre totalement inconnu qui, pour gagner en notoriété, décrète une guerre, comme ça, paf ! histoire d'acquérir un peu de visibilité.

Poutine. – Tout ça en deux ans ? Diable ! Mais comment ai-je fait ?

Svetlana. – C'est votre anonymat qui vous a servi. Il fallait trouver vite un successeur à Eltsine, compromis jusqu'au cou dans l'affaire Mabetex, et qui ne pouvait se représenter. Ce n'est même pas vous, c'est un vieux de la vieille, Primakov, qui a été choisi pour redresser la barre.

Poutine. – Bon. Vous avez réfléchi à ma proposition ?

Svetlana. – Seulement voilà-t-il pas que cet imbécile de Primakov a pris son rôle au sérieux et s'est attaqué frontalement aux oligarques et à la fille d'Eltsine. Ce vieux cheval de retour a même menacé de les envoyer en prison.

Poutine. – Son erreur a surtout été de confier l'enquête à votre patron, un procureur général amateur de gâteries, avec petite fin joyeuse.

SVETLANA. – C'est là que vous vous êtes montré utile. Et fiable. Avec cette vidéo truquée que vous avez cautionnée.

POUTINE. – Vous commencez à m'agacer. Vous me prenez pour qui ?

SVETLANA. – Exit donc Primakov premier ministre, et bonjour Primakov candidat à la présidentielle. C'était pire ! D'autant qu'il était populaire, ce con.

POUTINE. – Ne soyez pas vulgaire, pas en ma présence. Vous croyez décrypter le jeu politique ? Il vous reste beaucoup à apprendre.

SVETLANA. – Je laisse ça aux professionnels, les « spin doctors ». Ce sont eux qui ont eu l'idée de génie : il fallait un nouveau visage à opposer à papy Primakov pour la présidentielle. Un homme jeune, sportif, en bonne santé, avec un passé militaire, si possible un espion à la James Bond, mais qui soit obscur et sans caractère – pour n'inquiéter personne –, et loyal et malléable – pour ne pas gêner les oligarques. Vous correspondiez en tout au profil, jusque dans votre banalité. Surtout dans votre banalité.

POUTINE. – Vous racontez n'importe quoi. Ce n'est pas moi qui ai succédé à Primakov, c'est Stepachine.

SVETLANA. – C'est vrai, vous étiez le second choix, ce qui n'est pas très flatteur. Ils ont essayé avant vous un autre homme de paille qui correspondait au profil. Mais il n'a tenu que trois mois. Le temps qu'une rumeur issue du FSB – que vous dirigiez, le monde est petit – fasse croire aux oligarques que Stepachine avait vu en secret Primakov et qu'il était enclin lui aussi à les envoyer en prison. Du coup, vous êtes repassé en tête de gondole. Il ne fallait plus que la petite formalité d'une guerre pour vous lancer. Vous n'avez pas hésité.

Poutine. – Vous ne m'aimez pas, soit. Mais comment pouvez-vous être aussi cynique ? Vous avez oublié les attentats tchétchènes sur notre sol ?

Svetlana. – Je n'oublie rien : en deux semaines, plus de trois cents morts et sept cents blessés.

Poutine. – Nous avons connu notre 11-Septembre à nous. C'était le 8 septembre 1999.

Svetlana. – Un mois après que vous soyez devenu premier ministre, oui. Alors que les sondages en votre faveur ne décollaient pas, et que les « spin doctors » continuaient d'affirmer que seule une guerre populaire et victorieuse pourrait améliorer ces sondages. Et là, miracle : avec ces attentats votre guerre est soudain devenue populaire. Et vous aussi ! À quarante-quatre ans vous étiez quoi, un obscur fonctionnaire ? Deux ans et une guerre plus tard, vous étiez devenu un chef.

Poutine. – Comme quoi on peut changer. Je vous rappelle qu'à treize ans j'étais un voyou. Voyez ce que je suis devenu.

Svetlana. – Un dictateur.

Poutine. – Ne surestimez pas la valeur de nos relations passées, Svetlana Fedorova. Ne franchissez pas cette limite.

Svetlana. – Pardon, mais qui l'a franchie, en attribuant aussitôt les attentats aux Tchétchènes, alors que les seuls suspects arrêtés à l'époque appartenaient au FSB ?

Poutine. – J'avais toutes les raisons du monde pour accuser les Tchétchènes. Pour autant je ne l'ai pas fait de gaieté de cœur. Je ne suis pas un monstre.

Svetlana. – Je ne suis pas qualifiée pour répondre. Je sais seulement que personne, mais alors personne, ne pensait à voter pour vous avant cette guerre, et que votre parti a gagné les élections grâce à elle. Et vous ne vous êtes pas arrêté là. Premier ministre, vous en vouliez plus, ce n'était qu'une étape ! Vous étiez à peine entré en fonction que quelqu'un a fait fuiter le détournement de plusieurs milliards de dollars du FMI, impliquant la fille d'Eltsine. Sous la pression, le président Eltsine a accepté de démissionner, histoire de protéger sa fille.

POUTINE. – J'étais déjà premier ministre, pourquoi aurais-je fait une chose pareille et risqué de tout perdre ?

SVETLANA. – Pour tout gagner… Pour montrer six mois avant l'élection que le président c'était vous déjà, que les décisions c'était vous, que la guerre c'était vous. Pour vous faire élire, quoi.

POUTINE. – Vous allez trop loin.

SVETLANA. – On me l'a souvent dit. Pas à vous ?

POUTINE. – Pas en face, non.

SVETLANA. – Répondez-moi : le FSB, que vous dirigiez, a-t-il oui ou non orchestré les attentats qui ont tué plus de trois cents de nos concitoyens ?

POUTINE. – Vous perdez la raison. Je ferais tout pour mon pays. Tout sauf faire couler le sang des miens.

SVETLANA. – C'est magnifique comme déclaration. Je me demande si les tsars, ou Staline, n'auraient pas tenu de pareils propos. Sans que, hélas, personne leur rie au nez.

POUTINE. – Je me souviens qu'enfant, j'ai vu des rats, acculés contre l'angle d'un mur, se retourner contre moi et siffler pour m'attaquer…

SVETLANA. – Vous vous êtes enfui ?

Poutine. – Enfant, oui. Je n'ai pas honte de le dire. Vous, vous ne sifflez pas mais vous m'attaquez.

Svetlana. – Vous poussez la Russie vers le gouffre ; je me bats pour son avenir.

Poutine. – Vous aimez vos enfants ?

Svetlana. – Pourquoi ?

Poutine. – J'entendais hier le récit d'une agente du FSB qui avait eu pour mission de séduire un garçon de vingt ans.

Svetlana. – L'un de mes fils a vingt ans.

Poutine. – Lui aussi ? Elle l'avait poussé vers la drogue. Les jeunes de cet âge sont imprudents s'ils n'ont pas les conseils d'une mère pour se méfier ; et une vie qui était prometteuse s'est terminée sottement, un soir d'hiver, dans une flaque de vomi étalée sur un joli mot d'adieu.

Svetlana. – Nous étions amis, Vladimir.

Poutine. – Nous le sommes toujours, Svetlana. Tâchons de nous en souvenir tous les deux.

SCÈNE 3 : DICTATURE

(Jour 2 : midi)

Diaporama de victimes (30 secondes) et vidéo (13 secondes) sur les jeunesses poutiniennes (sources : en fin de pièce).

SVETLANA. – Fanatiser la jeunesse, truquer les élections, éliminer les opposants, imposer une télévision d'État, si ce n'est pas une dictature, vous appelez ça comment ?

POUTINE. – Un process. La Russie a toujours été une autocratie : un seul homme au pouvoir ! Le peuple a besoin de ça. C'est lui qui m'a transformé, en projetant son besoin d'autorité sur moi.

SVETLANA. – Vous expliquerez ça au tribunal, je suis sûre qu'ils comprendront très bien. Bon, votre relaxe me semblant assurée, je vais vous laisser.

POUTINE. – Asseyez-vous. Vous n'irez nulle part.

SVETLANA. – J'ai projeté mon besoin d'autorité sur vous ?

POUTINE, *agressif*. – Vous proposez quoi, avec vos pantins, dehors ?

SVETLANA. – La démocratie.

Poutine. – Il y en avait à tous les coins de rue pendant la perestroïka. Ça a donné la fin de l'empire. La démocratie doit être dirigée.

Svetlana. – Par qui ?

Poutine. – Par une élite. Regardez les dirigeants occidentaux : ils jouent à la démocratie pour la galerie. C'est une posture, mise en scène par des agences de pub pour les journaux télévisés.

Svetlana. – La démocratie est un idéal. Ce sur quoi s'est bâti, entre autres, le rêve américain.

Poutine. – Vous voulez rire ? Les USA ont fomenté des coups d'État à droite à gauche ; surtout à droite d'ailleurs. Leurs présidents sont élus à coups de milliards de dollars ! Qu'est-ce que la démocratie vient foutre là-dedans ?

Svetlana. – Disons que si on s'intéresse aux droits de l'homme…

Poutine. – Quel homme ? Donnez-moi son nom, son adresse, je vous prouverai qu'il est en parfaite santé ! J'ai rendu sa fierté à la Russie.

Svetlana. – Vous êtes arrivé au moment de la flambée des cours du gaz et du pétrole, ce qui vous a permis de relancer l'économie. Ne vous vantez pas trop. La fierté ? Ça se discute. Il existe peu de banques dans lesquelles il n'y ait pas d'argent du crime, dans lesquelles il n'y ait pas de maffieux parmi les dirigeants. La Russie est dirigée par des escrocs, des voyous et des espions.

Poutine. – Cela doit vous énerver que le peuple m'aime.

Svetlana. – Qu'en savez-vous ? Le FSB fait truquer les élections, le bourrage des urnes est hallucinant. Cela dit, vous n'avez pas été ingrat. Trois ans après être arrivé au pouvoir, vous aviez remplacé plus des trois quarts des dirigeants politiques et économiques par des anciens du FSB.

POUTINE. – C'est ça être démocrate : j'en ai laissé un quart en place… Le FSB est une aristocratie, ne vous en déplaise.

SVETLANA. – Ça ne se voit pas à ses vieux trucs de photos maquillées pour discréditer vos opposants.

POUTINE. – De quoi parlez-vous ?

SVETLANA. – De broutilles, comme le photomontage du blogueur anticorruption Alexeï Navalny à côté d'un oligarque, histoire de le faire passer pour un pourri.

POUTINE. – Entre deux sommets du G20, vous ne croyez pas que j'ai autre chose à faire que de m'occuper de photomontages ?

SVETLANA. – Vous avez quand même pris le temps de laisser sortir sur YouTube des écoutes téléphoniques. Comme celle de votre opposant, Boris Nemtsov, qui se moquait de son alliée écologiste…

POUTINE. – Nemtsov est un con.

SVETLANA. – « Était » un con : il est mort sous vos fenêtres, assassiné. Nemtsov était mon ami, et c'était très loin d'être un imbécile. Et qui n'est pas un con à vos yeux ? Votre aristocratie, le FSB, a eu recours à des prostituées, très professionnelles, envoyées en service commandé auprès d'opposants comme Fichman – directeur du « Newsweek » russe –, Chenderovitch – auteur de nos « Guignols » –, l'écrivain Limonov, l'ultranationaliste Potkin, des diplomates américains, britanniques, indiens… Le FSB a filmé leurs ébats pour les discréditer. Pour une élite, ce genre de procédés fait plutôt minable.

POUTINE. – Vous avez relevé mes empreintes sur une de ces vidéos ? Trouvé un mot écrit de ma main pour les cautionner ? Je ne suis pas une caricature, Svetlana, l'opposition est nécessaire et je suis un dirigeant ouvert à la critique.

SVETLANA. – Ça, faut aller en convaincre vos rivaux, dont vous empêchez les meetings et qui ne peuvent même plus se présenter depuis que vous avez modifié la loi électorale.

POUTINE. – Il y avait trop de candidats. Les choses sont plus claires maintenant.

SVETLANA. – Comme opposants, il reste qui ? Les communistes. Ceux-là ne vous feront pas d'ombre, ils votent déjà avec vous à la Douma. Voilà le genre d'opposition « constructive » que vous aimez. C'est à ce genre de détail qu'on reconnaît les dictatures, outre le contrôle de l'info.

POUTINE. – Dans ce domaine, admettez que je ne contrôle pas grand-chose. « Novaïa Gazeta » me conspue sans cesse. Des blogueurs comme votre Navalny mentent sans vergogne…

SVETLANA. – Président, sauf votre respect, vous contrôlez tout le reste.

POUTINE. – C'est ridicule.

SVETLANA. – Trois jours après que vous soyez devenu président, les forces spéciales ont investi le groupe propriétaire de la chaîne NTV. Celle qui produisait « Les Guignols », et qui avait poussé le mauvais goût jusqu'à révéler, la veille de votre élection, l'implication du FSB dans les attentats que vous, vous attribuiez aux Tchétchènes.

POUTINE. – Eh ! je suis rancunier, je vous l'ai dit !

SVETLANA. – Et dans les jours suivants, vous avez fait adopter un texte stipulant que l'État devait contrôler tous les médias importants.

Parce que c'était ça, votre priorité. Pas le terrorisme, la pauvreté, la drogue, la justice, non, le contrôle des médias. Et pour que la fête soit complète, vous avez dans la foulée fait arrêter Goussinski, le patron de NTV.

POUTINE. – Il a été libéré trois jours après.

SVETLANA. – Pas avant d'avoir signé l'abandon de sa chaîne à Gazprom. Et vous avez ensuite pris le contrôle d'ORT, la première chaîne de télévision…

POUTINE. – Oui. Pour donner aux Russes une identité nationale. Pour leur faire partager ma vision de la grandeur de notre pays.

SVETLANA. – La télévision s'emploie surtout à votre grandeur personnelle, et à vous faire passer pour un James Bond. Et je sais que vous supervisez personnellement le contenu des journaux télévisés.

POUTINE. – Vous n'êtes pas obligée de les regarder. Il y a d'autres sources d'information.

SVETLANA. – Lesquelles ? Il y avait Internet, mais vous venez de mettre la main sur les deux réseaux sociaux qui permettaient à l'opposition de se regrouper.

POUTINE. – Ça ne vous a pas beaucoup gênée pour organiser vos manifestations.

SVETLANA. – Maintenant que vous contrôlez Internet, il reste quoi ? La presse ? Elle ne pèse pas un zakouski face à l'influence de la télé. Et puis, le message qu'il est dangereux de vous critiquer a fini par passer. Les journalistes sont pointilleux quand il s'agit de libertés, mais à coups de barres de fer, de séjours en prison et après une trentaine d'assassinats, ce message a fini par rentrer.

POUTINE. – La Cour pénale va m'accuser de meurtre ?

SVETLANA. – Non. À moins, bien sûr, que vous n'ayez été informé de ces meurtres avant qu'ils se produisent. Ou que vous puissiez être reconnu comme commanditaire, même indirect.

POUTINE. – Vous allez me ressortir la mort malencontreuse d'Anna Politkovskaïa. C'était en 2006.

SVETLANA. – Le 7 octobre. Le tueur a fait preuve en effet d'une attention malencontreuse en l'abattant le jour de votre anniversaire.

POUTINE. – Pourquoi l'aurais-je fait tuer ?

SVETLANA. – Parce qu'elle écrivait que vous étiez derrière les attentats ?

POUTINE. – Et alors ? Vous dire que sa mort m'a fait de la peine serait exagéré, mais personne ne l'écoutait à part quelques bonnes âmes comme vous.

SVETLANA. – Peut-être existe-t-il quelque part un tueur en série qui vous veut du bien et s'occupe de vos opposants ? Comme votre copain biker ; celui qu'on surnomme « le chirurgien » ?

POUTINE. – Et cela ne vous inquiète pas, je vous admire.

SVETLANA. – Si ça servait à quelque chose d'avoir peur, je serais terrorisée. Mais ça ne sert à rien.

POUTINE. – Hmm… Si on apprécie le danger, on ne provoque pas les gens à tort et à travers…

SVETLANA. – C'est de ça qu'est morte Anna ? De vous avoir provoqué ?

POUTINE. – Elle a dû se faire des ennemis… Il me semble qu'elle n'était pas très tendre avec Kadyrov.

Svetlana. – Le premier ministre tchétchène l'aurait fait assassiner ?

Poutine. – Ah, il peut s'avérer un peu brutal, à ce qu'on dit.

Svetlana. – Ça ne vous a pas empêché de le promouvoir président cinq mois après l'assassinat.

Poutine. – S'il y avait eu corrélation entre le meurtre d'Anna et la nomination de Kadyrov, reconnaissez que j'aurais respecté un délai de deuil raisonnable. Mais bien entendu je n'y suis pour rien.

Svetlana. – Vous n'êtes pour rien non plus dans l'empoisonnement à Londres de Litvinenko trois semaines après le meurtre d'Anna ; meurtre sur lequel il s'apprêtait à publier une tribune.

Poutine. – Qui ?

Svetlana. – Litvinenko. Un repenti du FSB. Celui qui avait dénoncé l'implication du FSB dans les attentats que vous aviez attribués aux Tchétchènes.

Poutine. – Ah, ce Litvinenko là. Un homme imaginatif.

Svetlana. – Pas dans ses derniers jours. Empoisonné au polonium 210, substance radioactive qu'on ne trouve qu'en Russie. Il a mis trois semaines à mourir.

Poutine. – Cela a dû être douloureux.

Svetlana. – Et lent.

Poutine. – Mais j'imagine que c'était intentionnel de la part de ses meurtriers.

Svetlana. – Il me semble qu'il vous a accusé d'être derrière son empoisonnement. Oui, c'est écrit ici.

Poutine. – Le délire, je suppose. Je lui pardonne bien volontiers.

Svetlana. – Alors vous pardonnez aussi au juge anglais qui vient de confirmer votre implication.

Poutine. – Un juge anglais? Un de ceux qui mettent une perruque? Ah, l'humour anglais…

Svetlana. – J'ai d'autres meurtres au polonium dans mes dossiers. Une substance qu'on peut déposer au pinceau sur l'ampoule de chevet de la victime. En allumant sa lampe, il fait chauffer le polonium et s'irradie lui-même.

Poutine. – C'est sophistiqué.

Svetlana. – Vous êtes sûr que le FSB n'y est pour rien? Ce ne doit pas être facile de se procurer une substance radioactive aussi protégée.

Poutine. – Je crains, hélas, que nos fonctionnaires ne soient pas assez créatifs pour ce genre de subtilité.

Svetlana. – L'argument, je crois, satisfera pleinement la Cour internationale.

Poutine. – Vous avez le même humour qu'autrefois. Je dois dire qu'il me semblait plus agréable alors.

Svetlana. – Vous ne menaciez pas mes enfants à l'époque. Quittez le pouvoir, personne ne peut rien pour vous, Vladimir Vladimirovitch. Pas même vous. Vous avez érigé une dictature en vous appuyant sur le FSB, l'armée et les fonctionnaires. Si vous essayez de changer, ils se retourneront contre vous. Et si vous ne changez rien, ce sont les Russes qui s'en prendront à vous.

Poutine. – Vous avez le même regard, la même flamme. Le même rire?

SVETLANA. – Vous l'entendrez lorsqu'on recommencera à chanter dans les rues.

POUTINE. – J'avais eu un éblouissement quand je vous avais vue. Je vous observais à la dérobée, quand vous aviez les yeux baissés sur vos dossiers. Vous étiez sublime !

SVETLANA. – C'est le passé.

POUTINE. – Vous êtes une femme exceptionnelle, et votre beauté ne tient pas qu'à votre physique.

SVETLANA. – Venez dire ça à mon mari quand vous passerez par la Sibérie.

POUTINE. – S'il ne le sait pas, c'est un imbécile.

SVETLANA. – Non, c'est juste un mari. *(Court silence.)* Vos services établissent des fiches sur tous les citoyens notables. Qu'est-ce qu'il y a sur la mienne ?

POUTINE. – En dehors de votre mauvais caractère, je ne sais pas.

SVETLANA. – Il y a ce qui s'est passé entre nous ? Des photos, des enregistrements, une vidéo peut-être ?

POUTINE. – Pas que je sache.

SVETLANA. – Vous les avez fait détruire, ou bien vous les conservez dans un carton à chaussures pour vos vieux jours ?

POUTINE. – Qu'est-ce qui vous pousse à croire que j'attacherais une valeur quelconque à ces souvenirs ?

SVETLANA. – Ma beauté exceptionnelle, non ? Celle qui ne tient pas qu'à mon physique.

POUTINE. – Bien. Je vais renvoyer l'orchestre tzigane qui attend derrière la porte, je vois que vous n'êtes pas d'humeur.

SVETLANA. – Dites au Ballet du Bolchoï de rester, on ne sait jamais, je pourrais changer d'avis.

POUTINE. – Vous n'étiez pas sèche comme cela. Vous étiez gaie. Je pense souvent à votre rire.

SVETLANA. – Vous allez où, là, monsieur le président ?

POUTINE. – Dans mes souvenirs. À Saint-Pétersbourg.

SVETLANA. – Un chemin hasardeux.

POUTINE. – Mais si beau ; vous vous souvenez ? *(Un temps.)* Vous êtes heureuse ?

SVETLANA. – Toujours. C'est dans mon caractère.

POUTINE. – Ce n'est pas dans le mien.

SVETLANA. – Je vois. Nous nous disons la vérité, Vladimir ?

POUTINE. – Je n'y tiens pas. Je préférerais que vous me mentiez.

SVETLANA. – Et que voudriez-vous entendre ?

POUTINE. – Que vous êtes heureuse de me revoir.

SVETLANA, *après un temps*. – Je suis heureuse de vous revoir.

POUTINE. – Que vous n'auriez pas dû partir.

SVETLANA. – Je n'aurais pas dû partir.

POUTINE. – Et que je ne suis pas seul à me souvenir.

SVETLANA. – Vous n'êtes pas seul…

SCÈNE 4 : LE SYSTÈME POUTINE

(Jour 2 : 17 heures)

Diaporama (30 secondes) et vidéo (1 minute) sur les brutalités policières et les raids noirs (sources : en fin de pièce).

Svetlana. – Les meneurs arrêtés n'ont toujours pas parlé?

Poutine. – Ils ont parlé. Mais ils ne savaient rien. Vous avez organisé vos réseaux comme dans la Résistance.

Svetlana. – Vous savez qui sont les gens que vous faites matraquer, dehors? Ce sont ceux qui se sont fait voler, rançonner, piller, ceux qui sont allés en prison parce qu'ils ne voulaient pas abandonner ce qui était à eux. Ils ne partiront pas.

Poutine. – Si je comprends bien, vos supporters sont des faibles et des repris de justice.

Svetlana. – Non. N'importe quel Moscovite, n'importe quel habitant du centre de Saint-Pétersbourg peut avoir un matin des inconnus qui sonnent à sa porte. Ils exhibent un titre de propriété délivré la veille par un juge complaisant et vous expulsent manu militari avant que vous n'ayez eu le temps d'emporter vos affaires ou vos papiers. Vos affaires, ils les balancent par la fenêtre. Vos papiers, ils les brûlent. D'un instant à l'autre, vous êtes S.D.F. Vous étiez propriétaire, vous n'avez plus rien.

Poutine. – Allez devant un tribunal, il reconnaîtra vos droits.

Svetlana. – Votre titre de propriété vient de se consumer. Le temps que vous saisissiez un juge, votre appartement aura été revendu deux fois, et il finira racheté par une brave mamie dont les petits-fils se battent en Ukraine.

Poutine. – Quel rapport avec moi?

Svetlana. – Votre système de corruption. N'importe quel haut fonctionnaire va trouver les ambitieux qu'il connaît. Il les encourage à soudoyer un juge et leur garantit son soutien, en échange d'une dîme sur les bénéfices. Tout l'appareil s'enrichit. Sauf celui qui est expulsé.

Poutine. – La police est là pour y remédier.

Svetlana. – Les gens ont encore plus peur de la police que des criminels.

Poutine. – Les policiers risquent leur vie tous les jours contre les mafieux russes et tchétchènes.

Svetlana. – Nous parlons des mêmes policiers? Ceux que je connais rançonnent les gens, ils les tabassent. La torture est devenue une méthode d'enquête.

Poutine. – Quand on veut faire parler un criminel, le sermonner ou le mettre au coin avec un bonnet d'âne ne suffit pas. À la violence il faut répondre par la violence. Pour chaque policier tué, il faut fusiller dix criminels. Dans le cadre de la loi, naturellement.

Svetlana. – J'ai fait libérer un condamné il y a six mois. Après avoir avoué un crime, il a été innocenté par son ADN. Je vais vous lire son témoignage : « On m'a tabassé pendant une heure ; des gifles d'abord, puis des coups. Je me suis évanoui. Un capitaine de police est rentré dans le bureau vers minuit. Il m'a dit que l'avocat arrivait et que si je ne signais pas les aveux en sa présence, on allait m'emmener dans la forêt et me tuer. Vers une heure du matin, un avocat est arrivé, il est allé saluer tous les policiers, et m'a juste demandé de signer leur document. J'ai alors signé les aveux qui m'accusaient. »

POUTINE. – Donnez-moi les noms de ce commissaire et de l'avocat…

SVETLANA. – Vous n'avez pas instauré l'ordre, Vladimir. Dix pour cent de la population carcérale est constitué d'entrepreneurs. Ils ont été jetés en prison par des concurrents ayant des relations dans votre administration.

POUTINE. – Qu'est-ce que ça peut me faire, qui vole qui ? Vos histoires de boutiquiers ne sont pas mon problème, c'est le vôtre. La justice est indépendante…

SVETLANA. – Ce ne sera pas une ligne de défense suffisante : tout remonte jusqu'à vous. Vous avez mis en place le système Poutine.

POUTINE. – J'appelle ça la verticale du pouvoir. Mais votre appellation me plaît davantage. Le système Poutine…

SVETLANA. – Pour que des hommes de main envahissent les bureaux d'une entreprise et confisquent tous les dossiers et les ordinateurs, ça coûte vingt mille euros. À ce prix-là, les truands ne s'en privent pas. À supposer que le propriétaire refuse d'être spolié, les truands achètent la complicité de la police pour quinze à trente mille euros, et le propriétaire se retrouve avec une enquête sur le dos qui va l'envoyer réfléchir en préventive. Et si ça ne lui suffit pas, les truands achètent un juge, qui l'enverra se calmer en prison. Ça, ça coûte entre dix et cent cinquante mille euros selon la durée. Tout a un prix en Russie, la corruption est généralisée. Le droit n'existe pas. C'est cela, le système Poutine.

POUTINE. – Ne mêlez pas mon nom à ces turpitudes. Vous négligez un peu vite la responsabilité des flics et des juges qui acceptent d'être corrompus.

SVETLANA. – Vous êtes trop intelligent pour faire l'autruche. Un président devrait garantir l'indépendance des magistrats ; vous, vous garantissez l'impunité à ceux qui les corrompent. D'ailleurs, si vous mésestimiez votre responsabilité, vous ne m'auriez pas fait venir.

POUTINE. – J'avais envie de vous revoir.

SVETLANA. – La justice, c'est le seul moment où deux individus se retrouvent à égalité devant la loi. C'est ce qui fonde le pacte social, avec la propriété.

POUTINE. – Votre militantisme vous obscurcit l'esprit : citez-moi un pays où l'équilibre de la balance ne soit pas vicié, où un pauvre aurait les mêmes armes qu'un riche ? où un intouchable vaudrait un brahmane ? où un bègue aurait les mêmes chances qu'un bon orateur ? Votre justice est une chimère.

SVETLANA. – Vous avez érigé une pyramide d'espions et de fonctionnaires, un système de pouvoir absolu. Vous êtes devenu le vent glacé de l'Histoire, celui qui souffle sur la Russie depuis toujours.

POUTINE. – Bon. Il y a autre chose ?

SVETLANA. – Pourquoi ? C'est comme dans les « Mille et Une Nuits » : si je ne vous distrais pas chaque jour, vous faites exécuter mes enfants le lendemain ?

POUTINE. – Ce n'était pas une bonne idée de vous faire venir. J'ai eu tort d'imaginer que vous pourriez travailler avec moi.

SVETLANA. – Que je vous rejoigne, pourquoi ? Par intérêt, comme ceux qui vous entourent à commencer par les oligarques ?

POUTINE. – Eux c'est différent. Je les tiens en laisse.

SVETLANA. – Vous présidez à leur festin, c'est tout.

POUTINE. – Non. Je les ai matés. Ils agitaient leur argent, leur vulgarité autour d'Eltsine et de sa famille. Ils croyaient m'avoir à leur botte, ils me voyaient en fonctionnaire efficace et obéissant. J'ai remis ces crétins bouffis de suffisance à leur place. J'ai lancé les journalistes sur la piste de leurs avoirs bancaires. La presse adore ça !

SVETLANA. – Ils n'ont jamais été aussi riches.

POUTINE. – Mais ils n'ont plus le pouvoir. Ils doivent lever la main pour avoir la permission d'aller pisser.

SVETLANA. – Comme Khodorkovski ? L'homme le plus riche de Russie, jusqu'au moment où il s'est lancé contre vous en politique. Deux mois avant les élections de 2003, il n'aurait pas dû. Vous l'avez fait arrêter dans une opération commando retransmise en direct sur toutes vos chaînes.

POUTINE. – Oui. Menacer les gens témoigne d'un mauvais calcul. L'expérience m'a montré qu'il suffit d'en briser un, ou une, bref de casser un seul individu, et tous les autres se soumettent.

SVETLANA. – Ce sera votre legs politique ?

POUTINE. – La Russie au centre du monde : voilà ce que sera mon héritage. Dès que Khodorkovski s'est retrouvé enfermé, les oligarques se sont bousculés pour me demander : « Qu'est-ce que je dois faire pour ne pas me retrouver en prison ? » Ouvrez les yeux, Svetlana : les dirigeants occidentaux m'envient ! Ils sont dépendants de leurs oligarques et du pouvoir de l'argent. Dans les pays que vous appelez libres et démocratiques, les oligarques détiennent l'ensemble des médias. Moi j'ai créé une laïcité à mon image : séparation des riches et de l'État. En privé, ils font ce qu'ils veulent, mais ils n'interviennent pas dans la sphère publique.

SVETLANA. – Sinon vous les envoyez au bagne, sous prétexte d'escroquerie et de fraude fiscale, pendant onze ans.

POUTINE. – Madoff a été condamné à cent cinquante ans de prison pour la même chose : enrichissement criminel.

SVETLANA. – Vous n'avez jamais détourné d'argent à votre profit ?

POUTINE. – Ah non, ça va ! Pas la fable de ma fortune personnelle. Vous savez combien je gagnais comme président, jusqu'en 2014 ?

SVETLANA. – Six mille euros par mois. Vous avez depuis relevé ce salaire.

POUTINE. – Seize mille euros. Et ma soi-disant fortune s'élève à trois cent mille euros.

SVETLANA. – Je sais. Un appartement de soixante-quinze mètres carrés à Saint-Pétersbourg, un autre plus petit à Moscou et un parking.

POUTINE. – J'ai aussi trois voitures. Des Lada ! La Cour internationale cherche des enrichissements immoraux ? Qu'elle regarde du côté des présidents occidentaux à la retraite. Ils facturent deux cent mille euros leur apparition à la moindre conférence !

Svetlana. – C'est immoral, je suis bien d'accord, mais ce n'est pas illicite.

Poutine. – Parce que vous croyez qu'il n'y a pas de contrepartie ?

Svetlana. – Je me trompe ou vous portiez des montres différentes à chacun de nos entretiens ? Vous aviez une Patek Philippe qui doit valoir quinze mille euros hier soir, une Breguet à douze mille ce matin et une Patek en or blanc à cinquante mille euros maintenant. Vous cherchez à impressionner quelqu'un ?

Poutine. – Je ne savais pas que vous vous y connaissiez en montres…

Svetlana. – Leur descriptif figure dans mon dossier. À côté des factures de votre yacht, l'« Olympia »…

Poutine. – C'est un cadeau qu'on m'a fait. Je n'ai pas eu le temps de m'en servir.

Svetlana. – Quarante millions d'euros. C'est un joli cadeau. Même si cela reste peu de chose à côté de votre palais de Gelendzhik.

Poutine. – Vous l'avez vu ?

Svetlana. – En photos seulement ; il est interdit d'approcher.

Poutine. – Ah ?

Svetlana. – Mais il a l'air très bien. Un peu m'as-tu-vu, mais c'est souvent le cas quand on dépasse les cent cinquante pièces.

Poutine. – À vous entendre, je serais l'homme le plus riche d'Europe. Ne croyez pas tout ce que vous lisez sur Internet, Svetlana, ce palais n'est pas à moi.

SVETLANA. – Il est au nom de l'un de vos amis de Saint-Pétersbourg alors ? Ils sont serviables là-bas : ils dirigent, grâce à vous, une cinquantaine de sociétés dont les parts sont rédigées au porteur, et donc non nominatives. Le bénéficiaire mystérieux qui les détient a intérêt à ne pas les laisser traîner dans un tiroir. Vous avez des coffres, monsieur le président ?

POUTINE. – Aucun.

SVETLANA. – Aucun en Russie, le compte est bon. Remarquez, il est vite fait. À l'étranger, en revanche, j'en dénombre une vingtaine. Ce serait drôle qu'à l'intérieur, de vilains farceurs aient glissé les actions au porteur que je cherchais.

POUTINE. – Cessez vos insinuations. Vous avez du concret, des faits, des noms ?

SVETLANA. – La société Lirus : domiciliée au Luxembourg ! Greathill Limited : à Londres ! La holding de Rosinvest : en Suisse ! La société Gunvor, quatrième trader pétrolier au monde, dont les actions russes ont été revendues vingt-quatre heures avant les sanctions américaines ? Elle est basée à Genève, tout en étant filiale d'une holding néerlandaise, elle-même filiale d'une société chypriote enregistrée curieusement dans les îles Vierges.

POUTINE. – Des présomptions.

SVETLANA. – Je crois que j'ai ce qu'il faut pour saisir et mettre sous scellés le contenu de tous ces coffres. Dites, ce sont les autres actionnaires de Gazprom, de la société Petromed ou de la banque Rossiya, qui seront contents : les actions au porteur étant bloquées, leur portefeuille doublera. D'un coup. De quoi les inciter à dénoncer, une fois qu'il ne sera plus au pouvoir bien sûr, celui qui les détenait. « Business is business ».

POUTINE. – Je ne suis pas concerné.

SVETLANA. – Je serai donc bien inspirée de mettre ces coffres sous scellés.

POUTINE. – Vous voulez faire quoi ?!

SVETLANA. – Ça fait partie de mes prérogatives. Et de mon devoir de procureur.

POUTINE. – C'est un genre de décision qui a des conséquences.

SVETLANA. – Je ne fais que le travail qui m'incombe, monsieur le président. Un travail d'investigation, en périphérie d'enrichissement personnel, de corruption, de crime en bande organisée et de contournement de la justice. Votre passage dans l'histoire de la Russie ne sera pas à la hauteur de vos ambitions.

POUTINE. – Vos parents mettent toujours un nuage de lait dans leur thé ? Il y a ce produit, un dérivé naturel de la strychnine, je crois, qui rend aveugle en quelques jours.

SVETLANA. – Est-ce une menace ?

POUTINE. – Ils vivent seuls, non ?

SVETLANA. – Ils s'aiment.

POUTINE. – Et ils vous aiment, j'en suis sûr. La question est : est-ce que vous les aimez ?

SVETLANA. – Ne vous abaissez pas à cela.

POUTINE. – Est-ce qu'ils vous aimeront quand ils sauront que vous avez contribué à les rendre aveugles ?

SVETLANA. – Vous êtes malade.

POUTINE. – Réfléchissez. Une fois donné, l'ordre est irréversible.

Svetlana. – Non.

Poutine. – Il n'y aura pas de retour en arrière. Plus de jour, plus de vie. Rien. La nuit.

Svetlana. – Je les aime tant.

Poutine. – Ne les condamnez pas.

Svetlana. – Je les aime tant. Appelez.

SCÈNE 5 : GUERRE ET FIN

(Jour 2 : 22 heures)

Diaporama de 35 secondes (Mémorial des victimes).

POUTINE. – Comment avez-vous pu me croire capable d'une chose pareille ? Vous me prenez pour un fou, un bourreau ? Si je tiens ferme les rênes du pouvoir, c'est pour rendre leur grandeur aux hommes et aux femmes comme vous, qui se battent sans jamais reculer, parce qu'il n'y a pas d'autre façon de se battre. Vos parents vont bien. Je vous avais donné ma parole, non ? Vous devriez me les présenter, je serais curieux de savoir quelle jeunesse vous avez eue.

SVETLANA. – Une enfance ordinaire.

POUTINE. – Qu'est-ce que c'est ? Vous êtes née le cul dans le coton ; pas moi. Ma mère avait quarante-et-un ans quand je suis né. Elle n'a pas arrêté de me rappeler que mes deux frères étaient morts en bas âge, bien avant ma naissance. Je montais des seaux d'eau dans l'appartement communautaire du cinquième où nous nous entassions tous les trois dans une chambre ; mon père était dur, et pour passer le temps je me battais contre les rats, dans la cave de l'immeuble.

SVETLANA. – Il n'y a plus de rats dans vos caves.

POUTINE. – Ils sont toujours là… Votre fils est beau. Il me ressemble un peu, vous ne trouvez pas ?

SVETLANA. – Pas vraiment.

POUTINE. – Vous ne m'avez pas connu avec les cheveux longs. Vous l'avez eu combien de temps après notre rencontre ?

SVETLANA. – C'est écrit dans vos fiches.

POUTINE. – Oui. Je ne m'étais jamais rendu compte à quel point c'était proche. La spirale du pouvoir m'a avalé tout entier. Je n'ai pas de fils, vous savez ? Mon nom s'arrêtera avec moi… Je veux laisser une trace, Svetlana. Rester dans l'Histoire.

SVETLANA. – Je crains qu'il ne soit trop tard.

POUTINE. – Le peuple m'aime.

SVETLANA. – Il adorait Staline !

POUTINE. – Ce doit être confortable, d'avoir le rôle du bon flic. Moi j'ai eu celui du mauvais. Vous connaissez l'origine de notre nom : Russie ? C'est le pays du gouvernail. Ce gouvernail, il fallait que quelqu'un le tienne. Et fermement.

SVETLANA. – Vous vous en êtes chargé.

POUTINE. – Par temps calme comme dans la tempête, oui, je m'en suis chargé. Et le peuple m'en est reconnaissant ; vous avez vu les derniers sondages ?

SVETLANA. – Ceux que vous avez commandés ?

POUTINE. – C'est un plébiscite. Et si le cours du pétrole remonte…

SVETLANA. – Et s'il ne remonte pas ? Vous serez balayé : la crise augmentera, les Américains resserreront le nœud coulant…

POUTINE. – Je vais vous confier un secret, Svetlana Fedorova : les Américains aiment bien les régimes autoritaires. C'est bon pour les affaires. Et ils ont besoin de moi pour lutter contre les islamistes.

SVETLANA. – Ça s'appelle la géopolitique. Après la Géorgie, la Crimée, l'Ukraine, vous allez envahir qui ? Les pays baltes ?

POUTINE. – Je ne veux pas d'influence étrangère aux frontières de la Russie. Le bras de fer en Ukraine, la conquête de l'Arctique, le conflit en Syrie, la bataille contre le terrorisme, je vais les gagner. Parce qu'une guerre ça ne se remporte pas de loin, avec des drones. C'est sale. Ça se passe au corps à corps. Les Russes savent le faire, et les intégristes auraient mieux fait d'y penser avant de faire exploser notre avion en Égypte.

SVETLANA. – Ce sont les opposants de Bachar que vous bombardez.

POUTINE. – Il n'y a pas de bons et de mauvais terroristes, il n'y a que des terroristes… Vous me trouvez belliqueux ? Les États-Unis ont un budget militaire de six cents milliards. Par an ! La Chine, qui arrive deuxième, ne dépense que cent quinze milliards, pour son tout petit milliard d'habitants. Vous voyez la différence ? Et nous ? Soixante-dix milliards. Je vous signale au passage que l'Arabie saoudite arrive quatrième, avec soixante milliards de dépenses militaires. Mais personne ne se demande pourquoi, tout le monde est trop content de leur vendre des armes. Je dépense peu d'argent ? C'est vrai. Mais je le place mieux : dans la cyberguerre. Si les États-Unis veulent lancer leurs missiles, j'ai de quoi brouiller leurs signaux électroniques et les renvoyer chez eux.

SVETLANA. – Vous ne saurez si ça marche que si les bombes n'explosent pas sur nous.

POUTINE. – Ça marche. Nous sommes les meilleurs dans ce domaine, et nous avons déjà fait des essais anonymes, via des sites de hackers. Ne visez pas petit, Svetlana. Faites comme moi : voyez les choses en grand. Si l'Europe veut la paix, je suis là. Mais si elle la ramène, je la mets à genoux, j'ai la main sur les robinets de l'énergie. Leur pétrole, leur gaz pour se chauffer, je peux les vendre à la Chine ou à l'Inde. Il y a trente ans ils n'étaient pas solvables, ils le sont aujourd'hui. Ils sont même prêts à payer plus cher que l'Europe, pour rattraper leur retard.

SVETLANA. – Je vois. J'imagine que je dois vous laisser mes dossiers. Il est temps que je rejoigne les manifestants. Ma place est là-bas.

POUTINE. – Elle est ici ! *(Un temps.)* Voyons, Svetlana, vous êtes une femme intelligente, je ne vous ai pas fait venir juste pour vos dossiers, je suis sûr que vous vous en doutiez.

SVETLANA. – Disons que je n'avais pas complètement exclu cette hypothèse.

POUTINE. – Qu'ai-je envisagé, à votre avis ?

SVETLANA. – Plusieurs solutions, dont certaines ne me sont pas favorables… J'en vois une par exemple. Eltsine et sa fille étaient gravement compromis dans des affaires de détournement qui risquaient de leur valoir la prison. Le tout premier décret que vous avez pris, à la seconde où vous êtes devenu président, a été de les amnistier totalement.

POUTINE. – Pour la grandeur de la Russie. Et pour services rendus.

SVETLANA. – Si j'étais à votre place, je chercherais à conclure, avec un successeur compréhensif, un accord du même genre. Une amnistie totale, avec garantie du soutien de l'État en cas de poursuites. D'où qu'elles viennent.

POUTINE. – C'est une idée amusante. Remarquez que je n'y tiens pas, mais je pourrais aussi rester en fonction jusqu'à ma mort.

SVETLANA. – Si rien ne change, Vladimir Vladimirovitch. Mais tout change dans le monde instable d'aujourd'hui, vous êtes trop calculateur pour le mésestimer.

POUTINE. – C'est une épithète bien cynique.

SVETLANA. – J'ai payé le prix pour le savoir.

POUTINE. – Regardez l'avenir, ne parlons plus du passé.

SVETLANA. – Parlons-en au contraire, et soldons nos comptes. C'est à cette aune que je saurai la confiance que nous pouvons avoir l'un dans l'autre.

POUTINE. – Vous allez encore me donner le mauvais rôle.

SVETLANA. – Je n'étais, il y a vingt ans, qu'une assistante du procureur général.

POUTINE. – Vous étiez sublime. Quel esprit, quelle beauté !

SVETLANA. – Nous avons sympathisé ; avant que soient mis à jour vos trafics et ceux de vos copains de Saint-Pétersbourg…

POUTINE. – Sympathisé ?

SVETLANA. – … ainsi que vos accords avec la mafia du port.

POUTINE. – C'était une époque troublée, où il fallait fréquenter la mafia, si on voulait que la nourriture et les marchandises arrivent. Pourquoi ne garder que cette vision du passé ? Je me souviens, moi, d'être tombé sous le charme.

SVETLANA. – Peut-être. Peut-être vouliez-vous seulement apprendre où en était l'enquête du procureur général sur la fille d'Eltsine.

POUTINE. – Je me souviens en effet l'avoir évoqué avec vous.

SVETLANA. – Vous avez fait mieux que ça. Vous en avez informé le FSB.

POUTINE. – Il le savait probablement déjà.

SVETLANA. – Seuls le procureur et moi avions connaissance du dossier. Et vous, que je croyais de notre côté.

POUTINE. – J'ai toujours été de votre côté, Svetlana. Encore aujourd'hui.

SVETLANA. – Vous m'avez trahie pour montrer au FSB votre utilité. C'est ce qui vous a lancé plutôt qu'un autre, c'est ce qui a payé votre ticket d'entrée à Moscou.

POUTINE. – Nous aurions pu partir ensemble.

SVETLANA. – Je vous avais fait part de la vacance du pouvoir, et de la facilité qu'il y aurait à le prendre, à condition de se rendre utile.

POUTINE. – Vous m'avez en effet renseigné sur le fonctionnement des arcanes présidentiels à Moscou.

SVETLANA. – Vous avez été bon élève.

POUTINE. – J'ai eu un bon professeur… Je ne peux pas vous laisser partir, Svetlana.

SVETLANA. – Mais ?

POUTINE. – À supposer que votre hypothèse soit juste, il y a une autre issue à notre partie.

SVETLANA. – M'éliminer ?

POUTINE. – Je pourrais songer à vous laisser la place.

SVETLANA. – Pourquoi moi ?

POUTINE. – Vous seriez une présidente très populaire.

Svetlana. – Et être amnistié par une figure de l'opposition serait un vrai billet de sortie.

Poutine. – Peut-être aussi que je vous dois quelque chose, finalement.

Svetlana. – Laissons de côté les roucoulades dont nous n'avons plus l'âge. Il serait de toute façon impossible de gouverner. Vous avez mis des hommes à vous dans tous les postes.

Poutine. – Il y a, dans le coffre de mon bureau, deux mallettes. L'une contient les lettres de démission de trois cents hauts fonctionnaires. L'autre, un peu plus épaisse, regroupe mille sept cents dossiers de responsables, à Moscou et dans nos belles provinces. Ces dossiers sont regroupés sur trois disques durs identiques. Il n'y a de double nulle part. Les pièces manuscrites et photos originales sont adjointes.

Svetlana. – Je ne vais pas vous amnistier, Vladimir.

Poutine. – Nous évoquons une hypothèse de travail. Mais, dans cette hypothèse, il ne serait pas exclu que j'aie fait la même proposition à deux autres candidats qui ne vous plairaient pas.

Svetlana. – Un ultra-nationaliste et un communiste ?

Poutine, *souriant.* – Quelque chose comme cela. Vous ne pouvez imaginer le plaisir que j'ai à nos retrouvailles.

Svetlana. – En somme, ce serait à moi de choisir : assumer votre héritage pour renouer ensuite avec une démocratie, ou…

Poutine. – J'aime la Russie, Svetlana, je veux qu'elle m'aime. Un « dictateur » qui vous céderait la place resterait dans l'histoire de son pays. Et peut-être que j'aimerais ce que vous en feriez, un peu grâce à moi.

Svetlana. – Vous pensez que je pourrais faire le bien en ayant commencé par le mal ?

Poutine. – Ne me posez pas ce genre de question, la philosophie n'est pas mon fort. Je suis meilleur en psychologie. À vous de choisir ; et de considérer ce qui est le mieux pour vous, pour la Russie, pour vos enfants, pour ce fils qui me ressemble.

Svetlana. – Je ne suis pas comme vous.

Poutine, *posant une liasse de papiers devant Svetlana*. – Alors vous ne signerez pas ces documents. Vous ne dirigerez pas la Russie. Et je travaillerai à rester en place éternellement. Adieu Svetlana. Ou peut-être au revoir.

Elle regarde les papiers.

Svetlana. – Je ne peux pas.

Poutine. – C'est le seul choix que nous avons tous. Rester pur ou gouverner.

Il sort. Elle effleure le stylo.

NOIR

BIBLIOGRAPHIE

GESSEN (Masha), *Poutine : L'homme sans visage*, Paris, Fayard, 2012, 336 p.

FÉDOROVSKI (Vladimir), *Poutine, l'itinéraire secret*, Paris, Éditions du Rocher, 2014, 232 p.

PONS (Frédéric), *Poutine*, Paris, Calmann-Lévy, 2014, 374 p.

POLITKOVSKAÏA (Anna), *La Russie selon Poutine*, Paris, Gallimard, coll. « Folio documents », n° 33, 2006, 384 p.

LESNIK (Renata) et BLANC (Hélène), *Russia blues*, Paris, Ginkgo, 2014, 432 p.

RAKHMANOVA (Tania), *Au cœur du pouvoir russe*, Paris, La Découverte, 2014, 320 p.

Dossier « La Russie », *Diplomatie*, n° 66, janvier-février 2014.

VIDÉOGRAPHIE

Mitchell (Paul), *Mister Vladimir et docteur Poutine* (documentaire), BBC/Brook Lapping, 2011, 2 × 52 min.

Gentelev (Alexander), *Raids financiers à la russe* (documentaire), ZDF/Saxonia, 2012, 89 min.

Carré (Jean-Michel), *Poutine pour toujours ?* (documentaire), Les Films Grain de Sable, 2014, 90 min.

Bergeron (Jean), *Le Cheval de Troie du Kremlin* (documentaire), Alpha-Zoulou Films, 2014, 52 min.

Carré (Jean-Michel), *Le Système Poutine* (documentaire), Les Films Grain de Sable, 2007, 98 min.

Sauloy (Mylène), *Massacre en Tchétchénie : la vidéo qui accuse* (documentaire), NPA Productions, 2004, 35 min.

Leroyer (Madeleine), *Russie, au cœur du goulag moderne* (documentaire), Ligne de mire, 2013, 55 min.

Lorand (Marie), *Les prisons russes* (documentaire), Maximal Production, 2012, 52 min.

Seipel (Hubert), *Moi, Vladimir Poutine* (documentaire), NDR, 2012, 54 min.

Necek (Barbara), *Russie, la nostalgie de l'empire* (documentaire), Illégitime défense, 2012, 52 min.

Bröker (Anja), *Vladimir Poutine, le président qui venait du froid* (documentaire), ARD, 2004, 43 min.

Merci à Arnaud Curie pour son aide précieuse

Imprimé à la demande par Books On Demand GmbH, Bad Hersfeld, Allemagne

1re édition, dépôt légal : mars 2016
N° d'édition : 201629
ISBN : 978-2-37393-170-9